सहर के ख़्वाब

[ग़ज़ल]

सहर के ख़्वाब

मोनिका सिंह

राजकमल प्रकाशन

ISBN : 978-93-89598-20-9

मूल्य : ₹300

पहला संस्करण : 2020

प्रकाशक : राजकमल प्रकाशन प्रा. लि.
1-बी, नेताजी सुभाष मार्ग, दरियागंज
नई दिल्ली-110 002
शाखाएँ : अशोक राजपथ, साइंस कॉलेज के सामने, पटना-800 006
पहली मंजिल, दरबारी बिल्डिंग, महात्मा गांधी मार्ग, इलाहाबाद-211 001
36 ए, शेक्सपियर सरणी, कोलकाता-700 017
वेबसाइट : www.rajkamalprakashan.com
ई-मेल : info@rajkamalprakashan.com

मुद्रक : बी.के. ऑफ़सेट
नवीन शाहदरा, दिल्ली-110 032

SAHAR KE KHWAB
Ghazals by Monika Singh

लिखा जो तेरे साथ था, कमाल था, यक़ीन कर!
लिखा न तेरे बाद क्यूँ, सवाल था, यक़ीन कर!

दो शब्द

कहते हैं सहर के ख़्वाब सच होते हैं, एक ख़्वाब जो आप तक पहुँचाना है...जिसकी ताबीर इन ग़ज़लों को आपके पढ़ने के बाद, आपकी राय जानने के बाद होनेवाली है।

मेरा पहला शे'री मजमुआ 'लम्स' जिसको आपकी ख़ूब दुआएँ मिली थीं, उन्हीं का नतीजा है 'सहर के ख़्वाब' का वजूद में आना! मेरी ग़ज़लें उन सभी अहसासात की तर्जुमानी करती हैं जिनसे हर शख़्स की वाबस्तगी है और अपने आपको वो मिसरों में खोजता है!

ये ग़ज़लें मेरा सरमाया हैं और इन्हें आपके साथ साझा करते हुए मुझे बेहद ख़ुशी हो रही है, और भी ख़ुशी इस बात की है कि राजकमल प्रकाशन ने इसे आप तक पहुँचाया है। मैं राजकमल प्रकाशन की शुक्रगुज़ार हूँ। फिर आपसे मुख़ातिब होने का मौक़ा मिलेगा...एक नया ख़्वाब लिए...

—मोनिका सिंह

क्रम

जब कभी दिल ने किया है ज़िक्र उसका 13
तेरे आने की ख़बर देती रही पागल हवा 15
वक़्त की नाकामियाँ हैं और क्या?... 16
लोग कहते हैं मुझे भूला है वो, अच्छा किया 18
कुछ ख़ास हम महसूस कर के रह गए 19
तू लहू में रवाँ नहीं होता 20
उसकी चाहत की बात क्यूँ कीजे 21
महफ़िलों में ज़िक्र उसका जब हुआ मेरे लिए 22
इश्क़ की रूह खो गई जानाँ 23
मारिफ़त तेरे हैं पहुँची मुझ तलक मेरी वफ़ाएँ 24
धड़कनों की तर्जुमानी दे मुझे 25
क्यूँ बिछड़ के फिर मिले हम, बात इतनी सी नहीं है 27
मेरी आवारगी है पूछती अक्सर मुझे 28
गुलाबी रंग में ढाला है तूने 30
सिसकती आरज़ूओं की बग़ावत लिख न पाऊँगी 31
सफ़र तन्हा न काटा जाएगा 32
रवाँ रवाँ था जब तेरा ख़याल भी 33
सुना वो शहर में था, रात-भर सोया नहीं है 34
ये कहानी सैकड़ों लम्हात की है 35
रास्तों का यूँ निभाया साथ हमने 37
तेरा असर मुझमें नज़र आता है क्यूँ? 38
किसी से राज़े-दिल कहने की ख़ू रुस्वा कराती है 39
अश्कों की तेरे वो बयानी चाहते हैं 40
झूठ भी ग़र्क़े-आब होता गर 41

ख़ामोश सच किसकी ज़ुबानी हो गए 42
था ज़िक्र तेरा शे'र में, हया से झुक गई ग़ज़ल 43
हुबाब से हैं शबाब के दिन, गुज़र न जाएँ, नज़र मिलाएँ 44
यकायक तुझको पाकर आँखों में शादाबियाँ आईं 45
हमारा क़द ही भरमाए हमें 46
यहाँ मुमकिन है सबकुछ जान लेना 47
हुए हैं ख़्वाबों के शिकार, चाँद रात और मैं 48
शादाबियाँ दिखलाके पहले छीनी बीनाई 49
जाने क्या कुछ हो गया पढ़कर तुझे 50
दिल ख़ुद से बहुत नाराज़ मिला 51
मजाज़ी, हक़ीक़ी में खोने लगा है 52
लहू में रक़्स वो करे, बदन में साहिरी रहे 53
ख़ुद को लुटा हमने सुकूँ पाया बहुत है 54
कोई आँसू बहाने आ गया शायद 55
जो तेरी धुन में जीना आ गया है 56
मेरी तस्वीरों में तुम थे मैं नहीं थी 57
अपने ही बेगाने लगे हैं 58
दिल अब्र है ऐसा, कभी रोता नहीं 59
किसी को याँ न अच्छा समझिएगा 60
हक़ीक़तें ही तल्ख़ हैं, सराब सा है हर तरफ़ 61
मुझसे दूर जाने का जब वो ज़िक्र छेड़े है 62
सुबक सुबक बदन, है और बेक़रार ख़्वाहिशें 63
उसे मिलना था या मिलना न था शायद 64
यहाँ पर हर कोई कहने लगा है 65
जाविदाँ जाविदाँ जाविदाँ इश्क़ है 66
अल्फ़ाज़ कहते हैं न कुछ महबूब से कह, और ज़ाया कर हमें 67
तीरगी औज़ार हो सकती नहीं 68
आ गया है दरमियाँ रिश्तों में पानी 69
वादा किया है तो निभाना चाहिए 70
मुझे कुछ प्यार की बातें सुनाओ ना 71
कुछ देर रुकने का बहाना चाहिए 73
कारवाने-ज़िंदगी में देख मुड़कर 75
जाने कितनी बार सोचा जाएगा 76
इनायतें सियासतों की, बदगुमान दिल बहुत 77

ठोकरें जब भी लगें तू याद आए 78
मुझे तू देख के होता ख़फ़ा जब भी, छलक जाती हैं आँखें 79
मुझे वो छोड़, अपने घर गया था 80
सोच कर और आँख भर आती 81
किसी का राज़ जो कहने लगा था 82
नाम उसका गर कहीं पर भी नहीं 83
मिले जो बाद मुद्दत, क़ुर्ब में इतना समझ आया 84
कई सच हैं तुम्हें, लेकिन बताएँ क्या? 85
एक उन्वान वो, मैं कहानी 86
सहीं जो इश्क़ में बेबाकियाँ 87
तेरी आँखों में इतनी सादगी है 88
तू मना कर लाख पर इन नाशनास आँखों में 89
आम बंदों की यहाँ कैसे सुनी जाए पुकार 90
है कोई टीस जो दिल में उठे है 91
चाँद को देखा, वो बोला, काश! 92
किसी के शहर में जाएँ, करें क्या हम? 93
तेरी शर्तों पे जीने को राज़ी नहीं 94
दोस्ती पर जब भी दिल इतराए है 95
अल्फ़ाज़ ने अल्फ़ाज़ को सोचा सहर होने तलक 96
न रोको, दिलों में, छुपी है मुहब्बत 97
आशना मौसम से फिर करवा रही हैं बारिशें 98
सुना जब से के इन राहों से अक्सर तू गुज़रता है 99
कटी आँखों ही आँखों में भला वो रात क्या थी? 100
मुस्कुराती आँखों की रानाइयाँ कह के गईं 101
न जाओ पास सूरज के न तुम ख़ुद को जलाओ 102
उसने नज़रों से लिखा बस तू ही तू 103
अचानक दिल की बेताबी ने सर अपना निकाला है 104
वो सुकुते-शब बयाँ फिर हम करेंगे भी नहीं 105
कोई भी हासिल नहीं था इश्क़ का 106
रात दिन हम सोचते हैं एक चहरा 107
न कोई आरज़ू, बस नाम का दीया जलाने दे 108
मुहब्बत की सदा आई है तन्हा राहों से लेकिन 109
कँपकँपाते लब हुए चुप क्या बताएँ 110
ऐसा नहीं, बेबात घबराए हैं हम 111

दोस्त कोई यूँ अचानक याद आया है 112
वो जिसकी ख़ातिर फ़ना हुए हम, वो इश्क़ में बेक़रार कम है 113
ख़्वाबों का पीछा करते हैं 114
चाहकर भी होंठों पर लाया नहीं था 115
ख़त्म होती ही न तेरी बात अम्मा 117
कहने को सब कुछ मिला था, रोटी कपड़ा घर तभी 118
अपने घर रोशन किये हैं, दीप औरों के जलाएँ, आओ दीवाली मनाएँ 120

तन-ए-तन्हा 121

1

जब कभी दिल ने किया है ज़िक्र उसका
ज़र्रे-ज़र्रे में मिला है ज़िक्र उसका

अब्र[1] को लाज़िम है अब शायद बरसना
बूँदों पे ठहरा हुआ है ज़िक्र उसका

हम को रुसवाई[2] का कोई डर नहीं है
लोगों ने खुल के किया है ज़िक्र उसका

फ़ासले जबसे मिटे हैं मज़हबों के
हर दुआ में बस गया है ज़िक्र उसका

वो सुने मेरी पुकारूँ, ना पुकारूँ
अपनी साँसों में जिया है ज़िक्र उसका

वो ज़मीं ख़ुशबू वो पानी वो हवा भी
ज़िन्दगी का फ़लसफ़ा[3] है ज़िक्र उसका

---

1. बादल 2. बदनामी 3. दर्शन शास्त्र/दलील

कोई मज़हब जान लो, कहता नहीं है
सरफिरों ने क्यूँ किया है ज़िक्र उसका

चोट लागे तो ज़ुबाँ पर नाम आए
टूटे दिल का मामुरा[1] है ज़िक्र उसका

उससे दूरी यानी है ख़ुद से भी दूरी
चाहतों का सिलसिला है ज़िक्र उसका

बाँवरी-सी ढूँढ़ती दश्तो-दमन[2] में
कस्तूरी बन के मिला है ज़िक्र उसका

---

1. बस्ती 2. जंगल और पहाड़

2

तेरे आने की ख़बर देती रही पागल हवा
तुझ तलक मेरी हया लेकर गई पागल हवा

धूप कच्ची, शाम तन्हा और अँधेरों का हुजूम[1]
इनमें अपना अक्स दिखलाती चली पागल हवा

दिन ढले घर लौट आना, क़ुफ़्ल[2] करना हसरतें
क्यूँ नहीं ये ख़त्म होता, सोचती पागल हवा

शहर में तेरे हैं, तुझको भूलने की ज़िद भी है
बेसबब दिल की बढ़ाती बेकली[3] पागल हवा

अब तो ये आलम, है गर वो ख़ुश नहीं, मैं भी नहीं
उसका हर ग़म मुझसे अक्सर बाँटती पागल हवा

लब पे आती बात रह जाए लबों के दरमियाँ
आम मत कर राज़े-दिल, कह रोकती पागल हवा

हो गया इमरोज़[4] चुप, है ख़ौफ़े-मुस्तक़बिल[5] बहुत
देखे है अहले-वतन की बेबसी पागल हवा

---

1. जन-समूह 2.ताला 3. बेचैनी 4. वर्तमान 5. भविष्य का डर

3

वक़्त की नाकामियाँ हैं और क्या...
फ़ासले अब दरमियाँ हैं, और क्या...

इश्क़ का हासिल ज़माना पूछे है
राख में चिंगारियाँ हैं, और क्या...

क्यूं सभी में ढूँढ़ते हो ख़ूबियाँ
ख़ूबसूरत ख़ामियाँ[1] हैं, और क्या...

सामने देखा न पीछे रो दिए
ऐसी भी मजबूरियाँ हैं, और क्या...

तश्नगी[2]-ए-इश्क़ हो बेइंतहाँ गर
झूठ सब दुश्वारियाँ[3] हैं, और क्या...

फूलों के ख़ुशरंग बस मलबूस[4] हैं
ख़ार[5] की सब क्यारियाँ हैं, और क्या...

1. दोष 2. प्यास 3. कठिनाइयाँ 4. पोशाक 5. काँटे

जान कर अंजान-सा हो बैठना
उसमें ही आसानियाँ हैं, और क्या...

अब तो उसके भी न अपने ही रहे
उम्र-भर ख़ामोशियाँ हैं और क्या...

लब पे पाबंदी है, आँखों पर नहीं
अनकही आज़ादियाँ हैं, और क्या...

4

लोग कहते हैं मुझे भूला है वो, अच्छा किया
पर ज़माना ज़िक्र उसका मुझसे ही छेड़ा किया

मंज़िले मौहूम[1] को पाया तो क्या पाया ऐ दिल
तू मिला है, तू मिलेगा, बस ये दिल सोचा किया

अब तलक उसके ख़यालों से गुज़रते थे मगर
जिस्म से गुज़रे तो हमने रूह से पर्दा किया

दूर से ना जाने क्या-क्या दिल ने मंसूबे किए
और वो नज़दीकियों में फ़ासला नापा किया

बेनिशाँ यादों के जंगल में भटकते ही रहे
रास्ता था सामने, दिल रास्ता ढूँढ़ा किया

उसकी आँखें मुस्कुरा देती हैं मुझको देखकर
अब के यूँ लगता रहा वो रूह को चूमा किया

वैसे तो कम थे मुख़ातिब[2] हम भी अपने आपसे
और तेरे साथ ने भी कुछ हमें तन्हा किया

---

1. भ्रमात्मक 2. आमने-सामने

5

कुछ ख़ास हम महसूस कर के रह गए
देखा उसे बस आह भर के रह गए

तुझ से परे भी ख़ूबसूरत है जहाँ
तेरे अहाते[1] में बिखर के रह गए

देखा तुझे लब ख़ुश्क से होते रहे
कुछ ज़ख़्म आँखों में उभर के रह गए

ये जुस्तजू कैसी जहाँ पर तू नहीं
ऐसे ख़यालों से सिहर के रह गए

तय है मिलेगा वक़्त से पहले न कुछ
बस ख़्वाब ख़ाबों में उतर के रह गए

ख़ुद से किया वादा, निभा पाए न हम
जब भी तुझे देखा, मुकर के रह गए

---

1. आँगन/चार दीवारी

6

तू लहू में रवाँ नहीं होता
जाने क्या-क्या गुमाँ नहीं होता

सारे ख़त हम जलाए बैठे हैं
यादों का अब धुआँ नहीं होता

बाँह फैलाए चूम ले तुमको
वक़्त यूँ मेहरबाँ नहीं होता

इश्क़ की शिद्दते भी तारी थी
अब वो मौसम जवाँ नहीं होता

उनकी बेबाकियाँ[1] न सहता गर
दिल कभी बेज़ुबाँ नहीं होता

देखो अल्फ़ाज़ की भी बेताबी
इश्क़ ऐसे अयाँ[2] नहीं होता

रहे-तीरा[3] में गरचे जुगनू है
तन्हा सच कारवाँ नहीं होता

---

1. धृष्टता 2. प्रगट 3. अँधेरी राह

7

उसकी चाहत की बात क्यूँ कीजे
तेज़ आँधी पे मात क्यूँ कीजे

वैसे होते नहीं कहीं भी तुम
ज़िक्र फिर आधी रात क्यूँ कीजे

बीते जाते हैं फिर भी ज़िंदा हैं
आरज़ू-ए-नजात[1] क्यूँ कीजे

गर तुझे याद हम नहीं करते
भूलने की बिसात[2] क्यूँ कीजे

कोई हासिल न कोई मुस्तक़बिल[3]
वादे फिर बेसबात[4] क्यूँ कीजे

कर दिये बेलिबास दश्तो-दमन[5]
पूछे है कायनात क्यूँ कीजे

जीते हैं, ज़िंदगी से नफ़रत भी
ये फ़रेबे-हयात क्यूँ कीजे

---

1. छुटकारा 2. साहस 3. भविष्य 4. अस्थायी 5. जंगल और पहाड़

8

महफ़िलों में ज़िक्र उसका जब हुआ मेरे लिए
पूछे है हर एक से दिल, क्या कहा मेरे लिए

क्या मराठी और उर्दू ज़ीस्त के मीज़ान[1] में
एक गर पानी है तो दूजी हवा मेरे लिए

जब कभी आवाज़ दी तूने, मुझे तो ये लगा
दैर[2] की हो घंटियाँ तेरी सदा मेरे लिए

सफ़ह-ए-हस्ती[3] पे लिखा बेख़ुदी में एक नाम
साँस लेने का सबब वो बन गया मेरे लिए

जब कहा उसने कि दो हैं जिस्म अपने, एक जान
ये पुराना खेल, पर खेला नया, मेरे लिए

---

1. तराज़ू 2. मंदिर 3. जीवन-रूपी पन्ना

9

इश्क़ की रूह खो गई जानाँ
जिस्म की बात ही न थी जानाँ

रूबरू मुद्दआ समझ लेते
पीठ पीछे, कही सुनी जानाँ

वो जो पानी के पास रहते हैं
उनमें है प्यास की कमी जानाँ

साँसों का है मुक़द्दमा जो भी
हारना भी था बंदगी[1] जानाँ

इश्क़ तुझसे है दिल भी जाने है
वस्ल की चाह मिट गई जानाँ

तूने दस्तक भी दी, तू लौट गया
फ़ैसला मैं न कर सकी जानाँ

---

1. पूजा

10

मारिफ़त तेरे हैं पहुँची मुझ तलक मेरी वफ़ाएँ
अब गिला क़िस्मत से, दुनिया से मुझे बिल्कुल नहीं है

11

धड़कनों की तर्जुमानी दे मुझे
एक पल को ज़िंदगानी दे मुझे

चाहकर भी जिसकी ना तकमील[1] हो
वो अधूरी-सी कहानी दे मुझे

हो अगर मुमकिन तुझे ऐ ज़िन्दगी
मौजे-दरिया[2] सी रवानी दे मुझे

बोझ ज़ख़्मों का लिए चलती रहूँ
याद की वो बेकरानी[3] दे मुझे

हर बुलंदी से बनें राहें नई
हौसले कुछ आसमानी दे मुझे

मरहलों[4] को नाम दूँ जो तू कहे
राह में ऐसी निशानी दे मुझे

---

1. पूरा होना 2. समंदर की लहर 3. बेचैनी 4. मोड़

देख आए इश्क़ उसकी आँखों में
जो सज़ा देने की ठानी, दे मुझे

जीतना उससे न चाहा था कभी
हारने की कामरानी दे मुझे

12

क्यूँ बिछड़ के फिर मिले हम, बात इतनी सी नहीं है
अब न वो एहसास दायम[1], बात इतनी सी नहीं है

भूल जाने की वजह कोई अगर हो तो बता दे
उम्र-भर को दे दिया ग़म, बात इतनी सी नहीं है

दूरियाँ दो मज़हबों में की जिन्होंने, कह रहे वो
फ़ासले होते नहीं कम, बात इतनी सी नहीं है

फेंक कर स्याही बने हैं देशभक्ति के पुजारी
बँट गये मुद्दओं में यूँ हम, बात इतनी सी नहीं है

देख बरसों बाद तुझ को, दिल हुआ मसरूर लेकिन
हो सकीं आँखें न पुरनम[2], बात इतनी सी नहीं है

वक़्त की चट्टान पे यादें जमी हैं बर्फ़ सी, पर
अब न होगा फिर वो आलम, बात इतनी सी नहीं है

आइने में एक चहरा बोलता था, एक चुप था
हो गये ख़ुद से ही बरहम[3], बात इतनी सी नहीं है

---

1. हमेशा 2. भीगी 3. नाराज़

13

मेरी आवारगी है पूछती अक्सर मुझे
ज़ियादा कौन उससे जानता बेहतर मुझे?

तुम्हें जब आइना कह के पुकारा था तभी
जहाँ के हाथ में दिखने लगे पत्थर मुझे

कभी देखा है रेगिस्ताँ कभी शादाबियाँ
अभी तक याद आते हैं वही मंज़र मुझे

इसी इक बात पे हैरानगी होने लगी
वो कैसे पूछता है हाल यूँ हँसकर मुझे?

सुनी उसकी तभी तक ही वहाँ सब ठीक था
तग़ाफ़ुल[1] देख के, दिल ने किया बाहर मुझे

कभी जो भूल के उसकी गली में मुड़ गए
तो उसके दर का हर पत्थर लगा गौहर[2] मुझे

---

1. उपेक्षा 2. मोती

के शिद्दते[1] इश्क़ से पहुँचे ख़ला[2] की गर्द में
चुभे है ज़िक्र उसका जैसे हो नश्तर[3] मुझे

इसी उम्मीद में मुड़-मुड़ के हम देखा किए
यक़ीनन वो मिलेगा सूनी राहों पर मुझे

1. तीव्रता 2. अंतरिक्ष 3. नोकदार औज़ार

14

गुलाबी रंग में ढाला है तूने
मुझे तो इश्क़ पहनाया है तूने

तू हर इक शै[1] में, हर इक ज़िक्र में है
कोई जादू-सा बिखराया है तूने

मुक्कमल हो सकी ना कोई ख़्वाहिश
किसी का दिल बहुत तोड़ा है तूने

ये दिल बेहिस[2] हुआ है रफ़्ता-रफ़्ता
इसे कुछ इस तरह रौंदा है तूने

कभी भी सामना होगा न हमसे
ये सोचा, झूठ तब बोला है तूने

---

1. वस्तु 2. चेतनाशून्य

15

सिसकती आरज़ूओं की बग़ावत लिख न पाऊँगी
के शफ़्फ़ाफ़ी[1] की मैं तीरा हक़ीक़त लिख न पाऊँगी

मुझे लिखने दो मेरी बेटियों के हौसलों के राज़
मैं क़िस्सा-ए-आशिक़ी, हुस्नो–नज़ाकत लिख न पाऊँगी

कभी शक्ति, कभी दुर्गा कहा है जिन शरीफ़ों ने
उन्हीं से ही मिली कितनी अज़ीयत[2], लिख न पाऊँगी

उड़ानें और ऊँची, और ऊँची दी हैं बच्चों को
वो माँ की ख़ारज़ाराना[3] मसाफ़त[4] लिख न पाऊँगी

कहीं लूटी, कहीं टूटी, कहीं आरा[5] गरेबाँ[6] पर
सियासी उन जुलूसों की हिमायत[7] लिख न पाऊँगी

---

1. पारदर्शिता, 2. पीड़ा/अत्याचार 3. काँटों से भरी 4. यात्रा 5. लोहे का हथियार 6. कपड़े का गले पर का भाग 7. पक्षपात करना/तरफ़दारी

16

सफ़र तन्हा न काटा जाएगा
कोई हमराह सोचा जाएगा

हैं चुपके हम खड़े दीदार को
दरीचा[1] खटखटाया जाएगा

अभी वो मुस्कुराएँ इस तरह
नया एहसान लादा जाएगा

हमारा नाम सुन झुँझला उठे
ये मंज़र कैसे देखा जाएगा

उम्मीदें नर्म नाज़ुक देख के
शरारा[2] एक फेंका जाएगा

गले मिलने की होगी रस्म फिर
कोई दिल से निकाला जाएगा

1. खिड़की 2. चिंगारी

17

रवाँ रवाँ था जब तेरा ख़याल भी
तो दिल से पूछे हमने कुछ सवाल भी

हवा ही तेरे शहर की अजीब थी
बिछड़ने का न था कोई मलाल[1] भी

वो साथ हो तो सूझता न और कुछ
हसीन कैफ़ियत में बीते साल भी

रक़ाबतों[2] को समझे हम रफ़ाक़ते[3]
लिखा था हाथों अपने ही ज़वाल[4] भी

वो कहता है हथेली चूम के मेरी
किसी लकीर में तो हो विसाल[5] भी

सवाल इश्क़ से ही पूछने लगे
के बेवफ़ाई का है यूँ वबाल[6] भी

लिए हैं बोसे[7] हमने तेरे नाम के
वो पहले इश्क़ का देखा कमाल भी

---

1. पछतावा 2. दुश्मनी 3. दोस्ती 4. पतन 5. मिलन 6. मुसीबत 7. चुंबन

18

सुना वो शहर में था, रात-भर सोया नहीं है
नमीं आँखों में थी, लेकिन कहा रोया नहीं है

कटा है रेगज़ारों[1] में मेरा अब तक सफ़र यूँ
के मैंने सब्ज़[2] ख़्वाबों को कभी बोया नहीं है

सँभाला है तिरी यादों को दिल ने इस जतन से
गले जबसे मिला, तू पैरहन[3] धोया नहीं है

धुआँ फिर हो न जाए वो मता-ए-ज़ीस्त[4] मेरी
रखा दिल की तहों में, नाम इक खोया नहीं है

जलाए हौले हौले तेरी यादों के वो लम्हें
बहाई राख रफ़्ता-रफ़्ता वो गोया[5] नहीं है

---

1. रेगिस्तान 2. हरे 3. कपड़ा 4. जीवनरूपी पूँजी 5. जैसे

19

ये कहानी सैकड़ों लम्हात की है
साँवले को सोच, दिन की रात की है

बाँसुरी के सुर सुनाई दे तो लागे
बात राधा-कृष्ण के साआत[1] की है

जी नहीं भरता तुझे देखूँ मैं जितना
आरज़ू बाक़ी मिलन की रात की है

देवकी, कुंती, सुभद्रा, द्रौपदी ने
तू जहाँ है मुश्किलों पर मात की है

था कहाँ मंदिर, शिवालय, चर्च, मस्जिद
तू ही जाने बात किन हालात की है

पाप करके शर्म से ना सर झुके जब
उस सुर्दशन चक्र से शुरुआत की है

---

1. शुभ घड़ियाँ

सच का जब-जब साथ छोड़ा है किसी ने
अपनों से लड़ने की तूने बात की है

है सियासत मंदिरों की, मस्जिदों की
चोट अपनों से मिले सदमात[1] की है

1. आघात/चोटें

20

रास्तों का यूँ निभाया साथ हमने
मंज़िलों को जी लिया पर लौट आए

21

तेरा असर मुझमें नज़र आता है क्यूँ?
ये सोच के दिल और घबराता है क्यूँ?

कोई न देखे अश्क[1] ठहरी आँखों में
चहरा मेरा इतना भी मुस्काता है क्यूँ?

जब दायरों में ही कटी है ज़िन्दगी
दिल क़ैद से बेबात झुँझलाता है क्यूँ?

तक़दीर में शायद कहानी हो लिखी
मत पूछ हमको वक़्त मिलवाता है क्यूँ?

बाज़ार में ख़ुद को तराज़ू में रखा
क़ीमत लगे तो ख़ुद ही डर जाता है क्यूँ?

1. आँसू

22

किसी से राज़े-दिल कहने की ख़ू[1] रुस्वा[2] कराती है
तेरी ये बात तन्हाई में पैहम[3] याद आती है

मेरे बर्बाद होने का न कर दुनिया से तू चर्चा
इन्हीं क़िस्सों से अक्सर बू[4], तेरे होने की आती है

उसे ना चाहना भी है बरतना सख़्तियाँ ख़ुद पर
के ऐसी ज़िद ही तो ना-आशना[5] ख़ुद से बनाती है

हम अपने आप से भी टालते हैं ज़िक्र माज़ी का
हवा फिर भी शिकस्तों के कई क़िस्से सुनाती है

सुना शोहरत बुलंदी की बहुत मग़रूर करती है
न भूलो, सुब्ह भी तारीक़[6] रातें साथ लाती है

---

1. आदत 2. बदनामी 3. निरंतर 4. महक 5. अपरिचित 6. अँधेरा

23

अश्कों की तेरे वो बयानी चाहते हैं
दिलचस्प-सी कोई कहानी चाहते हैं

इक दूसरे की आँखों में जो भी पढ़ा था
अब होंठ उसकी तर्जुमानी[1] चाहते हैं

उकता गए दिन-भर सुनी जो मस्लहत[2], अब
इक रात कोई बेमआनी[3] चाहते हैं

इस शर्त पर तेरी इबादत वो करेंगे
सूली चढ़े ऐसी दिवानी चाहते हैं

अपने बने हो बोझ, यूँ लागे है अक्सर
रिश्ते यहाँ सब लोग फ़ानी[4] चाहते हैं

मैंने कहा जब आँखों से तेरा इरादा
आँसू मगर तेरी ज़ुबानी चाहते हैं

---

1. अनुवाद 2. उचित बातें 3. निरर्थक 4. नश्वर

24

झूठ भी ग़र्क़े-आब[1] होता गर
और सच का हिसाब होता गर

मैं भी कोई सवाल ना होती
वो भी कोई जवाब होता गर

मैं वरक़[2]-दर-वरक़ उसे पढ़ती
वो खुली सी किताब होता गर

उसकी ग़ज़लों में क्या कशिश होती?
इश्क़ में कामयाब होता गर

क़ैद हूँ सादगी में अपनी ही
कोई आज़ाद बाब[3] होता गर

1. पानी में डूबा हुआ 2. पन्ना 3. दरवाज़ा

25

ख़ामोश सच किसकी ज़ुबानी हो गए
कैसे नदामत[1] की निशानी हो गए

वो इक नज़र ने इक नज़र को क्या छुआ
अहसास जैसे आसमानी हो गए

हमने भी देखी कभी सादादिली
जो लोग सच्चे थे, कहानी हो गए

अल्फ़ाज़ की कारीगरी कुछ यूँ रही
अहसास की वो तर्जुमानी हो गए

हमसे कभी न ज़िक्र तेरा हो सका
कुछ ग़ैर तेरी ज़िंदगानी हो गए

1. शर्मिंदगी

26

था ज़िक्र तेरा शे'र में, हया से झुक गई ग़ज़ल
हुआ यही के आरिज़ो[1], लबों पे थी रुकी ग़ज़ल

ये बारिशों की बात ही नहीं थी, दिल का सोग[2] था
जो अब्रो[3] अश्क साथ-साथ बह गए, कही ग़ज़ल

नहीं है इश्क़, ये फ़रेब दिल से हम किया करे
धुआँ उठा जो याद का, क़लम से फिर बही ग़ज़ल

फ़िज़ा में तेरी शायरी महक रही थी चारसू[4]
सबा[5] से हर्फ़-हर्फ़[6] बार-बार थी सुनी ग़ज़ल

असर लहू में इस क़दर रहा था तेरे इश्क़ का
शबाब लफ़्ज़ पे चढ़ा ही था, रवाँ हुई ग़ज़ल

---

1. गाल 2. सोग 3. बादल 4. चारों तरफ़ 5. हवा 6. अक्षर

27

हुबाब[1] से हैं शबाब के दिन, गुज़र न जाएँ, नज़र मिलाएँ
तमाम रातें कटीं हमारी, ये सोचने में क़रीब आएँ

क़यास[2] आराइयाँ[3] हैं दिल की, गुज़र न जाए हयात यूँ ही
इशारतन[4] वो हमें बुलाएँ, हमें मनाएँ, हमें रिझाएँ

उसे नहीं ऐतबार हम पर, इलाज ढूँढ़े कहाँ-कहाँ पर
सवाल वो बेशुमार पूछें, ख़मोशियों से जवाब आएँ

क़रीन[5] अपने रक़ीब[6] बैठे, गुरेज़[7] उनसे नहीं है कुछ भी
यक़ीन उनको ज़रूर होगा, ख़ुलूसे-दिल[8] से गले लगाएँ

बिखर-बिखर के संभल रहे हैं, वो आजकल कुछ यूँ जी रहे हैं
असर हमारी दुआ में आए, वो मुश्किलों से नजात[9] पाएँ

हिसारे-दिल[10] में विसाल[11] का ये ख़याल अपने कमाल पर है
वही कहानी है कशमकश की, ख़ुदा करे हम उसे सुनाएँ

---

1. पानी का बुलबुला 2. अनुमान 3. सजावट 4. इशारों से 5. समीप 6. दुश्मन 7. भाग जाना
8. निष्कपटता 9. छुटकारा 10. दिल का क़िला 11. मिलन

28

यकायक तुझको पाकर आँखों में शादाबियाँ[1] आईं
पशेमाँ[2] आँखों में तेरी, उसी पल दूरियाँ आईं

न जाने और क्या क्या कह रही थीं वादियाँ मुझसे
तेरा जब ज़िक्र छेड़ा था, अजब ख़ामोशियाँ आईं

हिसारे–यास[3] की जानिब सदाएँ आ रही गरचे,
महज़ चहरे नहीं आए कईं परछाइयाँ आईं

हमें शोहरत बुलंदी तक अगरचे लेके आई है,
मगर साए तले इसके, कई नाकामियाँ आईं

नहीं है इश्क़ पहला सा, न पहली सी कशिश बाक़ी,
मगर अब साथ जीने की, कई मजबूरियाँ आईं

---

1. हरियाली 2. शर्मिंदगी 3. निराशा का क़िला

29

हमारा क़द ही भरमाए हमें
बहुत लंबे लगे साए हमें

समंदर की ख़मोशी देखकर
कई तूफ़ान याद आए हमें

हम उसकी प्यास का हिस्सा नहीं
यही इक बात तरसाए हमें

कई पहलू हैं तेरी ज़ात[1] के,
जो तुझसे दूर ले जाए हमें

रिहाई का अजब अहसास है
वो अबके याद कम आए हमें

1. व्यक्तित्व

30

यहाँ मुमकिन है सबकुछ जान लेना
नहीं आसाँ मगर पहचान लेना

31

हुए हैं ख़्वाबों के शिकार, चाँद रात और मैं
हैं आज महवे इंतज़ार, चाँद रात और मैं

ये जश्न रंग का, है और रंग तेरे इश्क़ का
लिए हैं आँखों में ख़ुमार[1], चाँद रात और मैं

ख़ता-ए-यार को मुआफ़ भी करें अगरचे हम
करें न ऐतबारे-यार, चाँद रात और मैं

यहाँ सिसक सिसक के चुप हुई है ख़ामोशी मिरी
है ढूँढ़े कोई ग़मगुसार[2], चाँद रात और में

अजीब कारोबार झूट का है हर तरफ़ मगर
कहे है सच, कभी-कभार, चाँद रात और मैं

1. उन्माद 2. हमदर्द

32

शादाबियाँ[1] दिखलाके पहले छीनी बीनाई[2]
फिर याद उसको यक-ब-यक आई मसीहाई[3]

मज़रूह[4] दिल फ़रियाद करता है मेरा कब से
कब जाने हो दरबार में अब उसके सुनवाई

हर पल मुझे झुठलाने पर दुनिया है आमादा[5]
ग़ज़लें करेंगी बाद में मेरी पज़ीराई[6]

आसान है उसको भुलाना, हँस के कह डाला
शायद कभी नापी नहीं थी दिल की गहराई

वो याद करता है मुझे हैरत सी होती है
अब टूट के दिल क्या जुड़े, बस आँख भर आई

1. हरा-भरापन 2. दृष्टि 3. ईसा का काम करना 4. घायल 5. तत्पर 6. स्वीकार करना

33

जाने क्या कुछ हो गया पढ़कर तुझे
और तन्हा दिल हुआ पढ़कर तुझे

मैं समझ पाई न अहसासात को
नज़्म को तेरी छुआ पढ़कर तुझे

एक अरसा हो गया देखा नहीं
यूँ लगे, दिल आ गया पढ़कर तुझे

आदतन छू कर ये दिल, तेरी किताब
आँख भर देखा किया पढ़ कर तुझे

आईने में अक्स ने हँस कर कहा
इश्क़ लागे, बाँवरा पढ़कर तुझे

फिर कोई सैलाब तुगियानी[1] तेरी
कर न डाले ग़मज़दा[2] पढ़कर तुझे

---

1. बाढ़ 2. दु:ख का मारा

34

दिल ख़ुद से बहुत नाराज़ मिला
इक शख़्स न हम-आवाज़ मिला

उस झूठ को उरियाँ[1] देख हमें
ख़ामोश सिसकता राज़ मिला

इक ज़ख़्म मुदावा[2] लगता था
दिल बाद बहुत नासाज़ मिला

वो रात गई पर बात नहीं
दिलदोज़[3] मुझे हमराज़ मिला

हम उससे जुदा होकर सँभले
पर सोज़[4] भरा अंदाज़ मिला

दिलबाज़[5] कई हैं लोग मगर
वो फ़र्द[6] न जिस पर नाज़ मिला

---

1. नंगापन 2. इलाज 3. दिल में घुस जानेवाला 4. जलन 5. साहसी 6. आदमी

35

मजाज़ी[1], हक़ीक़ी[2] में खोने लगा है
वो आँसू थका हारा सोने लगा है

लबों से छुआ जो मेरा नाम उसने
मुझे नाम से रश्क[3] होने लगा है

तेरी बेवफ़ाई से हो कर शिकस्ता[4]
ये दिल ख़ौफ़ के बीज बोने लगा है

यूँ रिसता गया ज़ख़्म भीतर ही भीतर
हमें रफ़्ता-रफ़्ता डुबोने लगा है

ख़यालों से तेरे मुअत्तर ये दिल अब
मुहब्बत की कलियाँ पिरोने लगा है

ख़मोशी जुदा जब हुई ख़ामोशी से
अकेला ये दिल तन्हा रोने लगा है

---

1. जो वास्तविक न हो 2. सच्चा 3. प्रतिस्पर्धी 4. हारा हुआ

36

लहू में रक़्स[1] वो करे, बदन में साहिरी[2] रहे
है लुत्फ़ बेमिसाल जब दिलों में आशिक़ी रहे

वो ख़्वाब-गूँ[3] लगा, असीर[4] हो गए थे देख कर
वो लम्स[5] जाविदाँ[6] रहे, ख़याल में नमी रहे

ग़ुबार[7] कम हुआ, दिलों के बीच तल्ख़ियाँ[8] मिटीं
जो फ़ासले तवील[9] थे, मगर तवील ही रहे

वो बादबान[10] क्या खुले, समन्दरों की मैं हुई
हवा दे मेरा साथ, या किनारे देखती रहे

सवाल तीर-सा जिगर के आरपार हो अगर
जवाब के लिए मज़ीद[11] हौसला वही रहे

---

1. नृत्य 2. जादूगरी 3. ख़्वाब की तरह 4. क़ैदी 5. स्पर्श 6. अमर 7. मैल 8. कड़वाहटें 9. लंबा 10. जहाज़ में लगाया जानेवाला पर्दा 11. अधिक

37

ख़ुद को लुटा हमने सुकूँ पाया बहुत है
वो लूट के तन्हा नज़र आया बहुत है

कुछ और उससे अब नहीं कह पाएँगे हम
ये जान के कस्दन[1] वो मुस्काया बहुत है

ख़ामोश रह के होश से उकता गया जब
वो बदहवासी[2] में भी चिल्लाया बहुत है

तू पास होता काश जब, दिल सोचता था
पाने की शिद्दत में तुझे खोया बहुत है

हम क़ुर्बतें[3] नापा किए, वो फ़ासलों को
फिर भी ये दिल उसपे ही आया बहुत है

1. जान-बूझकर 2. बौखलाया हुआ 3. नज़दीकियाँ

38

कोई आँसू बहाने आ गया शायद
उसे मेरा तड़पना भा गया शायद

यकायक नींद में आँसू निकल आए
वो ख़्वाबों में मुझे तड़पा गया शायद

है कोई बात जो ख़ामोश रहता है
उसे कहने से कुछ रोका गया शायद

लुटाए ख़ुशबुएँ ही ख़ुशबुएँ जो गुल
उसी से इत्र को छीना गया शायद

हँसी मेरे लबों की जिसको थी प्यारी
मुझे वो देखकर उकता गया शायद

नए सफ़हे पे कुछ हम लिख नहीं पाए
वरक़[1] माज़ी का वो सहला गया शायद

---

1. पन्ना

39

जो तेरी धुन में जीना आ गया है
तो जीने का करीना[1] आ गया है

के अब सदमात से लगता नहीं डर
शहद-सा ज़हर पीना आ गया है

तड़पते दिल में उठती हूक अक्सर
क्या सावन का महीना आ गया है?

हमें आज़ाद मौजों से मिलाकर
किनारे पर सफ़ीना[2] आ गया है

कुरेदे ज़ख़्म फिर उनको हवा दी
जिगर के चाक[3] सीना आ गया है

ख़याली दौर से बाहर जो निकले
हक़ाइक[4] सुन पसीना आ गया है

1. तमीज़ 2. नौका 3. फटा हुआ 4. हक़ीक़त

40

मेरी तस्वीरों में तुम थे, मैं नहीं थी
मैंने अपने आप को तुम में तलाशा

41

अपने ही बेगाने लगे हैं
दीवार बनवाने लगे हैं

कोई सुने कैसे इन्हें अब
अल्फ़ाज़ चिल्लाने लगे हैं

हलचल नई है, छोड़ माज़ी
आसार समझाने लगे हैं

उनसे शिकायत कैसे करते?
मिलने से कतराने लगे हैं

आज़ादियाँ गरचे[1] हैं प्यारी
हम इनसे घबराने लगे हैं

1. हालाँकि

42

दिल अब्र[1] है ऐसा, कभी रोता नहीं
फिर भी ख़फ़ा क्यूँ आइना होता नहीं

हम छोड़ आए थे, तसल्ली के लिए,
ये दर्दे-दिल क्यूँ भीड़ में खोता नहीं

फिर ख़्वाब ना टूटे वो पिछली रात सा
इस ख़ौफ़ में अक्सर ये दिल सोता नहीं

जब आज़माया ज़ब्त[2] को ही वक़्त ने
बारे-पशेमानी[3] ये दिल ढोता नहीं

1. बादल 2. सहनशीलता 3. शर्मिंदगी का बोझ

43

किसी को याँ न अच्छा सोचिएगा
मिलेगा शख़्स जो, धोका ही देगा

जो देखी सादगी तो लोग बोले
जहाँ में ये अकेला क्या करेगा?

वो दानिश्वर[1] है वो रोकेगा क्यूँ कर
ग़लत होने पे भी देखा करेगा

उसे देखो तो आँखें भीगती हैं
ये आलम दिल भला कब तक सहेगा

हमारे नाम का पौधा लगाया
मगर अच्छी तरह से सींचिएगा

---

1. अक्लमंद

44

हक़ीक़तें ही तल्ख़[1] हैं, सराब[2] सा है हर तरफ़
किसे कहें अज़ीज़ हम, अज़ाब[3] सा है हर तरफ़

किसी के ख़्वाब छीनकर ग़ुरूर है उसे बहुत
फ़रेब साज़[4] फ़र्द, कामयाब सा है हर तरफ़

फ़रोग़ बख़्श[5] दिल से है उम्मीद तीरगी[6] को कुछ
ग़ुबार[7] दूर-दूर दस्तयाब[8] सा है हर तरफ़

सवाल थे हज़ार, पर जवाब बस सुकूत[9] था
के नातमाम[10] ग़म का सिर्फ़ बाब[11] सा है हर तरफ़

जुलूस, शोर की सियासतों में आदमी है गुम
ये कारोबारे-ख़ौफ़ बेहिसाब सा है हर तरफ़

---

1. कड़वाहट 2. मृगज़ल 3. यातना 4. धोकेबाज़ 5. प्रकाश देणे वाला 6. अँधेरा 7. मैल 8. हस्तगत 9. शान्ति 10. ख़त्म न होने वाला 11. दरवाज़ा

45

मुझसे दूर जाने का जब वो ज़िक्र छेड़े है
फिर वजूद खोने का दिल को ख़ौफ़ लागे है

ऐतबार करना भी, जैसे भूल थी शायद
ये गुनाह आँखों में रफ़्ता रफ़्ता झाँके है

फूल, ख़ार[1] दोनों को हम ने आज़माया है
दिलफ़िगार[2] दोबारा इनको जीना चाहे है

आसमान में क़तरा क़तरा बिखरे सारे ख़्वाब
देख हश्र, आँखों में जैसे बिजली कौंधे है

---

1. काँटे 2. घायल

46

सुबक[1] सुबक बदन, है और बेक़रार ख़्वाहिशें
अजीब कशमकश में है गुनाहगार ख़्वाहिशें

वो रात रात जागकर सवाल ख़ुद से पूछना
लहू को चीरती अधूरी आर-पार ख़्वाहिशें

वो वक़्त कोई और था अज़ीज़ थीं क़रीन[2] थीं
सुना है आज कल वहीं हैं नागवार[3] ख़्वाहिशें

वो राहे-इश्क़ में सँभलके चलते-चलते थक गए
करे है अब भी जाने किस का इंतज़ार ख़्वाहिशें

वो काँच के वजूद से अगर निकल के देख ले
कभी उसे भी छू ही लेंगी एक बार ख़्वाहिशें

---

1. हलका 2. समीप 3. नापसंद

47

उसे मिलना था या मिलना न था शायद
मेरी मंज़िल का वो रस्ता न था शायद

जली थी रफ़्ता-रफ़्ता यूँ तमन्नाएँ
धुआँ आँखों में तब चुभता न था शायद

कोई तूफ़ाँ है गुज़रा बारहा[1] दिल से
मेरा उसका कोई रिश्ता न था शायद

उदासी का सबब हम जानते तो थे
उदासी छोड़कर जीना न था शायद

किसी के साथ चलना, कुछ नहीं कहना
ज़ियादा इससे कुछ माँगा न था शायद

जो उसमें डूब के प्यासे निकल आए
वो अपने आप से, धोखा न था शायद

ख़फ़ा होना, तड़पना, ख़ुद को बहलाना
ये दिल आजिज़[2] कभी इतना न था शायद

---

1. अक्सर 2. पीड़ित

48

यहाँ पर हर कोई कहने लगा है
वो तन्हा भीड़ में बिखरा हुआ है

हिदायत[1] आँखों को इतनी मिली है
छलकना अश्कों का भी इक ख़ता है

तुम्हें हम और कुछ समझा न पाए
तुम्हें ज़्यादा समझने की सज़ा है

रफ़ू हमने किये हैं चाक[2] दिल के
मगर बोसीदा[3] अपना दायरा है

1. आदेश 2/3. फटे हुए

49

जाविदाँ जाविदाँ जाविदाँ इश्क़ है
मुझ पे अब हो गया मेहरबाँ इश्क़ है

हम उसे देख कर यक-ब-यक रुक गए
पूछता है मुझे क्या रवाँ इश्क़ है

यूँ तुझे सोच कर अश्क छलके मेरे
ज़िन्दगी का यही कारवाँ इश्क़ है

सामने थे मगर, फिर भी छू ना सके
है ये कैसी सज़ा, बेज़ुबाँ इश्क़ है

तू कहीं भी रहे, बाख़बर[1] हम रहें
तेरी चाहत का ये कहकशाँ[2] इश्क़ है

---

1. सचेत 2. आकाशगंगा

50

अल्फ़ाज़ कहते हैं न कुछ महबूब से कह, और ज़ाया कर हमें
गर प्यार से हमसे गले मिलता नहीं वो, तो न भेजा कर हमें

51

तीरगी[1] औज़ार हो सकती नहीं
रोशनी की हार हो सकती नहीं

उससे मिलकर हमने ये जाना भी है
ज़िन्दगी दुश्वार[2] हो सकती नहीं

जब तलक हैं हौसले, ज़िन्दा हैं हम
साँस अब नाचार[3] हो सकती नहीं

तुम ने यूँ बहलाया दिल, आया तरस
ख़्वाहिशें बाज़ार हो सकती नहीं

वक़्त ने क्या-क्या नहीं लूटा मगर
ज़िन्दगी नादार[4] हो सकती नहीं

---

1. अँधेरा 2. कठिन 3. लाचार 4. कंगाल।

52

आ गया है दरमियाँ रिश्तों में पानी
जम गया हो जिस्म के पुर्ज़ों में पानी

जाने कब ख़्वाबों की अब तामीर होवे
रुक गया है आँखों की कोरों में पानी

खेत, भीगे रास्ते, चौपाल, घर में
ख़ौफ़ बनकर ठहरा है, साँसों में पानी

बारिशों का आशियाँ उजड़ा हो शायद
खोजे है ख़ुद का पता राहों में पानी

अब्र[1] की नींदें नदारद जाने क्यूँ हैं?
फैलता बेबस सभी हिस्सों में पानी

क्या सुनें रूदाद[2] खोये जिसने अपने?
अब तो भर आया सभी क़िस्सों में पानी

1. बादल 2. व्यथा

53

वादा किया है तो निभाना चाहिए
अब आइने को सच बताना चाहिए

दिल तोड़े है जो दिल्लगी में बारहा[1]
उसके भी दिल को टूट जाना चाहिए

रोका है आँखों ने दबे सैलाब को
तन्हा बहे ऐसा ठिकाना चाहिए

तेरे गुनाहों की उसी फ़ेहरिस्त से
मुझको चाहा ये मिटाना चाहिए

धोका दिया फिर भी वो ख़ुश, ग़मगीन तू
सर शर्म से उसको झुकाना चाहिए

ख़ामोशियों का भी सबब पूछा नहीं
रूठा है दिल, इसको मनाना चाहिए

---

1. अक्सर

54

मुझे कुछ प्यार की बातें सुनाओ ना
महज़ धोका है नज़रों का, बताओ ना

तुम्हारे साथ रह कर यूँ लगे अक्सर
के अपने आप से इक दिन मिलाओ ना

ग़लत है या सही, हो फ़ैसला जो भी
इन्हीं लम्हों में तुम जीकर दिखाओ ना

हैं किस को याद अब तारीख़ के मंज़र
ये नक़्शे-माज़ी[1] अब दिल से, मिटाओ ना

ख़मोशी की तुम्हारी ये सज़ा होगी
गले लगकर कभी हमको रुलाओ ना

जहाँ पढ़ लेगा सब कुछ जो छुपाना है
तुम अपनी आँखों में काजल लगाओ ना

1. भूत-काल का चित्र

हैं अपने आप के हम यारों दुश्मन भी
किसी को दोस्त तुम अपना बनाओ ना

पहेली या सवालों से भरी मुस्कान?
यहाँ हर गाम हमको आज़माओ ना

55

कुछ देर रुकने का बहाना चाहिए
अब हाले-दिल उसको सुनाना चाहिए

दीवानगी महदूद कर रखी हैं क्यूँ?
आफ़ाक़[1] के आगे ठिकाना चाहिए

गुम हो गया है इश्क़, कम है शायरी
दिल का भी मौसम आशिक़ाना चाहिए

मासूमियत दे जाए जब धोखा हमें
तब ज़हन कुछ कुछ शातिराना चाहि

तेवर बदलती है सियासत बार-बार
अफ़राद[2] में बदलाव आना चाहिए

बहती रहें इन हसरतों की वुसअतें[3]
लहरों पे दिल का आशियाना चाहिए

1. क्षितिज 2. लोग 3. फैलाव

जब भूल कर उसकी गली में आ गए
दस्तूर चाहत का निभाना चाहिए

दरिया दिली में ग़र्क़ होने से बचे
अब अक़्ल को भी आज़माना चाहिए

मानूस[1] चहरों में छूपे हैं अजनबी
बस दूर से ही मुस्कुराना चाहिए

---

1. पहचाना

56

कारवाने-ज़िंदगी में देख मुड़कर
तू अकेला, और आगे राह बदतर

चाहिए किसको यहाँ दुनिया की जन्नत
कोई शाना चाहिए, जिस पे रखें सर

ढूँढ़ती हूँ मैं चराग़ों को जहाँ में
वो उजाले में है, घर मेरा जलाकर

कोई अपने पास बैठे, हाथ थामे
लम्स[1] की इस चाह में, दिल और मुज़्तर[2]

बेबसी के दायरे ना तोड़ पाए
मौत के सीने पे हमने, रख दिया सर

1. स्पर्श 2. बेचैन

57

जाने कितनी बार सोचा जाएगा
लफ़्ज़ को होंटों में रोका जाएगा

बेवफ़ाई का सबब उनसे सुनें
ख़्वाब उसके बाद खोया जाएगा

हसरतें आज़ाद हैं, कहकर उन्हें
क़ैदखाने में दबोचा जाएगा

तुमने कह दी बात, हम चुप ही रहे
अपनी ख़ामोशी पे रोया जाएगा

जब तलक ना आशना है इल्म से
फ़र्द[1] को मज़हब में तोला जाएगा

जुर्म करके वो अलग हो जाएँगे
बेगुनाहों को ही रौंदा जाएगा

1. व्यक्ति

58

इनायतें[1] सियासतों[2] की, बदगुमान[3] दिल बहुत
यूँ पाश[4] पाश हो गया है, बेज़ुबान दिल बहुत

ये मज़हबों का, क़ौम का, ए यार मसअला नहीं,
है दौरे-बुलहवस[5], यहाँ है बेईमान दिल बहुत

ये संग हाथ में लिए, जो चल रहा जुलूस है
सियासतों के खेल में लहूलुहान दिल बहुत

ख़ुलूसे-दिल[6] से एक बार कर गुनाह तू क़ुबूल
मुआफ़ भी करे तुझे, है मेहरबान दिल बहुत

जलाये हैं निशान क्या मक़ाम का पता मिले
रुके हैं बीच राह, लेवे इम्तिहान दिल बहुत

---

1. कृपा 2. राजनीति 3. बुरी धारणा 4. टूट गया 5. लालच 6. निष्कपट

59

ठोकरें जब भी लगें तू याद आए
सोच कर, राहों से ना पत्थर हटाए

फिर किसी मौसम ने मुझको दी सदाएँ
फिर वही चहरा निगाहों में समाए

हर कोई तन्हाइयों से लड़ रहा है
फ़ासला ख़ुद से न कोई नाप पाए

देख के तस्वीर यूँ लगता हो जैसे
ख़्वाबों के जंगल मुसव्विर[1] ने बनाए

शाम हँस हँस कर मुझे कहने लगी है
चाँद आया पर तेरा हमदम न आए

मंज़िलों से इश्क़ या माज़ी से निस्बत
दिल तज़बज़ुब[2] से न ख़ुद को रोक पाए

---

1. चित्रकार 2. असंमजस

60

मुझे तू देख के होता ख़फ़ा जब भी, छलक जाती हैं आँखें,
तुझे पाने की हसरत से मैं अब आज़ाद होना चाहती हूँ

61

मुझे वो छोड़, अपने घर गया था
कोई मुझमें उसी दिन मर गया था

शिकस्तों ने हमें इतना सिखाया
सफ़र तन्हा, बहुत मुज़्तर[1] गया था

यक़ीं मानो अकेले में हैं ख़ुश हम
किसी की याद से दिल भर गया था

हयाते-आरज़ू काटी तड़पकर
कभी यूँ हिज्र[2] भी हँसकर गया था

ग़ज़ल ढूँढ़ेगी मेरे बाद मुझको
यही अहसास दिल छूकर गया था

---

1. बेचैन 2. विरह

62

सोच कर और आँख भर आती
दिल से तेरी ख़लिश[1] नहीं जाती

जान कर ये, के बेवफ़ा है तू
मेरी मजबूरी भी है इतराती

इन बदलती रुतों को क्या कोसें
अपनी सादादिली नहीं जाती

ख़ुद से भी अजनबी से रहते हैं
जाने किससे है साँसें घबराती

पहले दुनिया की गर न सुनते हम
बेवजह हमको अब न समझाती

1. चुभन

63

किसी का राज़ जो कहने लगा था
वो ख़ुद की बात कहना जानता था

नया रस्ता समझकर जिसको ढूँढ़ा
उसी के दर से होकर, जा रहा था

उजालों से बना कर दूरियाँ दिल
तिलिस्मे-तीरगी[1] में डूबता था

जो देखे लोग तो आँसू बहाए
वो क़ीमत अश्क की पहचानता था

दीवारों में दबी आज़ादियाँ थीं
रिहाई का दरीचा[2] ढूँढ़ता था

---

1. अँधेरों का जादू 2. खिड़की

64

नाम उसका गर कहीं पर भी नहीं
ख़ुद को खोने का कोई डर भी नहीं

मेरी ग़ज़लों में ही मिलता वो मुझे
वैसे दोनों का कोई घर भी नहीं

जाने कैसे, क्यूँ जुदा हम हो गए
इसका ज़िम्मा तो मेरे सर भी नहीं

मुझको घायल कर गया मेरा वजूद
और तो कुछ इससे बदतर भी नहीं

65

मिले जो बाद मुद्दत, क़ुर्ब[1] में इतना समझ आया
गले मिलकर था नापा, फ़ासलों को, और दु:ख पाया

न जाने कौन सी मजबूरियों ने बाँध रक्खा है
तुझे कह दूँ अगर मैं एक दिन, लुट जाए सरमाया[2]

वजूदे-हस्ती को मेरे यहाँ हर दिन जो ललकारे
कोई दुश्मन नहीं है वो, कभी मेरा था हमसाया

कई पैगाम भेजे थे, इशारे भी किए दिल को
कोई तो बात होगी, जो न उसने ख़ुद से मिलवाया

उसे देखा, उसे सोचा, उसे समझा किए गरचे
दो सीधे रास्तों का अब तलक न मेल हो पाया

---

1. नज़दीकियाँ 2. पूँजी

66

कई सच हैं तुम्हें, लेकिन बताएँ क्या?
भरोसा गर न हो तुमको, सुनाएँ क्या?

चुने हैं रास्ते जिन पर नहीं जाना
इन्हीं पर आशियाँ दिल का, बनाएँ क्या?

तड़पकर ही अगर ताउम्र जीना है
तो मौक़ा हम मसर्रत[1] का, गवाएँ क्या?

सज़ा देता है जो ख़ुद को ख़मोशी से
उसे इक दिन ख़ुशी देकर, हँसाएँ क्या?

अकेले पाँव बस चलते रहें आगे
तो कू-ए-यार[2] से आँखें, बुलाएँ क्या?

तवक्को[3] उसकी हमने छोड़ दी लेकिन
दिले-सदचाक[4] का चारा[5] कराएँ क्या?

---

1. ख़ुशी 2. यार की गली 3. आशा 4. सौ टुकड़े किया हुआ दिल 5. इलाज

67

एक उन्वान[1] वो, मैं कहानी
खोये मानी की जैसे बयानी

उसकी मासूमियत काश जाने
इश्क़ में चोटें भी होंगी खानी

तुमने पूछे सवालात हमसे
आँखों में आके ठहरा है पानी

दरमियाँ कितनी गिरहें[2] लगी हैं
तुझको कहते हैं हम ज़िंदगानी

उसने पाया न भूला हमें पर
फिर से माँगी हमें इक निशानी

लोग मायूस लगते हैं अक्सर
जैसे बूढ़ी हो उनकी जवानी

हम भरोसा करें या बग़ावत
तुम ख़मोशी को कहते ज़ुबानी

---

1. शीर्षक 2. गाँठ

68

सहीं जो इश्क़ में बेबाकियाँ
वो समझे थे इन्हें कमज़ोरियाँ

किसी सफ़हे को छूती उँगलियाँ
गुहर को थामे जैसे सीपियाँ

लिया यूँ नाम तेरा बार-बार
के जैसे गुल पे माइल[1] तितलियाँ

मिटा कर सरहदें दिल की गईं
सुख़न के बीच की नज़दीकियाँ

ये मंज़र क़ुर्बतों[2] का है जुदा
दिलों में इश्क़ भी है, दूरियाँ

वहाँ अब मुस्कुराहट तक नहीं
जहाँ थी वस्ल[3] की आराइयाँ[4]

तसल्ली हो गई ये देखकर
हैं अब तक ज़ख़्म पर शादबियाँ

1. चाहना 2. नज़दीकियाँ 3. मिलन 4. सजावट

69

तेरी आँखों में इतनी सादगी है
के सर ता पा लगे, पाकीज़गी[1] है

तेरी आवाज़ में इतनी लगावट
के जैसे सूफ़ियों की रागिनी है

ग़ज़ल तुझको कहा होगा यक़ीनन
किसी शायर की तू दीवानगी है

जो तू हँसती है तो हँसती फ़ज़ाएँ
अजब सी बेख़ुदी, आवारगी है

सभी आहंग[2] में हैं डूब जाते
ग़ज़ल गोई में वो संजीदगी है

सुना कोयल को तुझसे रश्क-सा है,
तेरी आवाज़ जैसे ज़िन्दगी है

---

1. पवित्रता 2. संगीत की लय

70

तू मना कर लाख पर इन नाशनास आँखों में
ख़्वाब को लेते जनम, होते जवाँ देखा भी है

71

आम बंदों की यहाँ कैसे सुनी जाए पुकार
चाहिए इंसाफ़ हमको, जज लगाते हैं गुहार

उनके फूलों से ग़मों की डलिया पल-भर में बिकी
हमने अपने ही ग़मों के ढूँढ़े रोज़ ख़रीददार

हम से अपने ग़म तराशे जाएँगे ना दोस्तो
पहले ही हमने बना डाला यहाँ अपना मज़ार

चंद मिंटों में उन्हीं चहरों पे फिर चहरे लगे
हो गया ख़ामोश सच, देखा जो ऐसा कारोबार

इस अजब से खेल में मिट जाता है कमज़ोर ही
जो हैं ताक़तवर इसे कहने लगे अपना वक़ार[1]

1. प्रतिष्ठा

72

है कोई टीस जो दिल में उठे है
शजर[1] क्यूँ आसमाँ तन्हा तके है

यहाँ गुमसुम दिलों में बेकली है
यहाँ शायद ही अब कोई हँसे है

अचानक उसका मिलना रास्ते में
हमें ये वक़्त की साज़िश लगे है

कई चीख़ें सुनी थीं आसमाँ की
दिल अब तो बुलंदी से डरे है

वो उरियाँ[2] सा कोई अहसास तारी
क़लम की नोक तक आकर रुके है

1. पेड 2. नंगा

73

चाँद को देखा, वो बोला, काश!
यार तू भी साथ होता, काश!

हम ख़लिश की भी ख़लिश जाने हैं
दिल उसे गर छू भी आता, काश!

बेख़ुदी से आगे जो भी शै है
देती कुछ मुझको दिलासा, काश!

तोड़कर दिल मेरा, जब वो रोया
सामने मेरे वो होता, काश!

कह भी देता तू मुझे इक रोज़
दोस्तों से जो कहा था, काश!

74

किसी के शहर में जाएँ, करें क्या हम?
उसे बोले बिना तन्हा रहें क्या हम?

वो मुहलत दे अगर उसमें बिखरने की
उसे रग-रग में छू कर के, जिएँ क्या हम?

किसी आँसू ने बदले हैं अभी तेवर
उसे पीकर, तहे-दिल से हँसे क्या हम

हमें देखे, कभी वो ग़ौर से सोचे
रवाँ[1] ऐसे ख़यालों को सहें क्या हम?

ये दुनिया घाघ है, चालाक है गरचे
के आइना वहाँ सच का रखें क्या हम

1. लय

75

तेरी शर्तों पे जीने को राज़ी नहीं
कैसे कह दें मगर इश्क़ बाक़ी नहीं

एक महबूब सूरत सभी में छुपी
ये अलग है, किसी ने वो देखी नहीं

चाँदनी को अगर है गिला चाँद से
पेच वो इश्क़ के जान पाती नहीं

सस्ते दामों में चाहे ज़मीं हुक़्मराँ
और कहता है ये जालसाज़ी नहीं

तू जुदा होके मुझमें कहीं रुक गया
मैं बढ़ी आगे, अब लौट पाती नहीं

76

दोस्ती पर जब भी दिल इतराए है
उससे ही जाने क्यूँ धोका खाए है

रास्ते बाहम[1] हुए मुझसे मिले
हाँ मगर मंज़िल कहाँ मिल पाए है

हम जिसे कहते हैं अपना हमनफ़स[2]
वो हमें ही आज़माता जाए है

जो न मिल पाया उसी का ग़म हमें
जो मिला उसमें सुकूँ कम आए है

चीख़ते हैं सब, कोई सुनता नहीं
ख़ुद सुनी रूदाद[3], ख़ुद समझाए है

1. आपस में साथ मिलकर 2. प्रियकर 3. आपबीती

77

अल्फ़ाज़ ने अल्फ़ाज़ को सोचा सहर होने तलक
बहता रहा अहसास का दरिया सहर होने तलक

उनसे मिलना भी फ़क़त इक रस्म बनके रह गया
फिर वक़्त का दम घुटते देखा था सहर होने तलक

जो धड़कनें बाग़ी हुईं, ख़ुद से भी कुछ पूछा नहीं
सहती रही अपना ही वो फ़ितना[1] सहर होने तलक

पूछा है अपने आप से, क्या ऐसी कोई शै नहीं
सोचा, जिये भी, और पाया था, सहर होने तलक

ये मुहब्बत का असर, आग़ाज़[2] या अंजाम था
चीख़ा अकेले, फिर ये दिल रोया सहर होने तलक

---

1. उपद्रव 2. शुरुआत

78

न रोको, दिलों में, छुपी है मुहब्बत
ये आज़ाद दीवानगी है मुहब्बत

गले से लगाओ के दम घुट रहा है
लबों की तपिश में दबी है मुहब्बत

जहाँ में कहाँ ढूँढ़ने तुम चले हो
तुम्हारे ही दर पे रुकी है मुहब्बत

नहीं है मुहब्बत, नहीं है मुहब्बत
मेरे यार शायद यही है मुहब्बत

सियासत चले जब भी मज़हब के पाँसे
बख़ूबी इसे जानती है मुहब्बत

79

आशना[1] मौसम से फिर करवा रही हैं बारिशें
ज़ख़्म को शादाब[2] कर, सहला रही हैं बारिशें

दिल तड़प उट्ठा जो देखा रूठना उसका, मगर
आँसुओं को बहने से रुकवा रही हैं बारिशें

आ गले मिल लें न फिर अहसास हो न वक़्त हो
एक मौसम दरमियाँ बरसा रही हैं बारिशें

तश्नगी[3] देखी ज़मीं की, आसमाँ पिघला नहीं
दूरियाँ दोनों में कम करवा रही हैं बारिशें

यार की ख़ुशबू में नम महकी हवा ने यूँ छुआ
रास्ता इम्कान[4] का बनवा रही हैं बारिशें

---

1. परिचित 2. हरा-भरा 3. प्यास 4. संभावना

80

सुना जब से के इन राहों से अक्सर तू गुज़रता है
अजब सी हो गई निस्बत हमें अब इन हवाओं से

81

कटी आँखों ही आँखों में भला वो रात क्या थी?
हुए गर सुब्ह-दम हम अजनबी, वो बात क्या थी?

बदलते मौसमों में तू ढला है इस क़दर अब
दिलाएँ याद क्या, जज़्बात की, बरसात क्या थी?

कहा उसने, सुना हमने, जो दुनिया के लिए था
दिलों के बीच उस वक़्फ़े[1] में होती बात क्या थी?

मिला वो फ़ासले से दूरियाँ कुछ हो गई कम
न मंज़िल तक पहुँच पाई तो ये शुरुआत क्या थी?

हमें था इश्क़ तुझसे और तुझ को रश्क[2] हमसे
फ़ना[3] जब हो गए हम पे ये तेरी मात क्या थी

---

1. ठहराव 2. प्रतिस्पर्धा 3. मिट जाना

82

मुस्कुराती आँखों की रानाइयाँ[1] कह के गईं
अब सम्हल जा दिल, मेरी नादानियाँ कह के गईं

तुम न लिख पाओगे जो कहती है अक्सर बेख़ुदी
हर तरफ़ मायूसियाँ, तन्हाइयाँ कह के गईं

दरमियाँ उस भीड़ के एहसास टकराते रहे
कुछ कहा आँखों ने, कुछ ख़ामोशियाँ कह के गईं

उससे मिलने का वसीला[2] क्यों नहीं मिलता हमें
उसकी ख़ुशबू है हवा में, वादियाँ कह के गईं

दौरे–नौ, हस्सास[3] लोगों के लिए शायद नहीं
सख़्त हो जा और तू, बेबाकियाँ[4] कह के गईं

इश्क़ के हो वलवले[5] या वस्ल की आराइयाँ
साथ मेरा हर तरफ़, रुसवाइयाँ[6] कह के गईं

---

1. सुंदरता 2. रास्ता 3. ख़ुद्दार 4. धृष्टता 5. उमंग 6. बदनामी

83

न जाओ पास सूरज के न तुम ख़ुद को जलाओ
यही बेहतर है देखो दूर से, फिर मुस्कुराओ

कहाँ ये रास्ते लेकर गए बेसिम्त मुझको
मुझे है लौट कर आना, निशाँ कोई दिखाओ

मनाएँ जश्न बर्बादी का ये तुमने कहा था
किया रोशन जला के घर, गले अब तो लगाओ

तुम्हारी आँखों में अंजान-सी देखी कशिश है
बहकने का है अंदेशा, ज़रा नज़रें हटाओ

जवाँ होकर मचलना ही नहीं काफ़ी लहर को
फ़ना होने में क्या है लुत्फ़, साहिल को बताओ

84

उसने नज़रों से लिखा बस तू ही तू
मेरी नज़्मों ने कहा बस तू ही तू

जब ख़याले-यार ने अँगड़ाई ली
अर्श-ए-दिल पर था बिछा बस तू ही तू

तू मिलेगा या नहीं किसको ख़बर
हाँ मगर दिल ने कहा बस तू ही तू

रौशनी तूने अता की है तो सुन
हर सिम्त[1] से आई सदा[2] बस तू ही तू

चाँद को चूमा सहर होने को थी
चाँद फिर कहता रहा बस तू ही तू

उस गली से कोई भी रिश्ता नहीं
कह रही फिर क्यूँ हवा बस तू ही तू

---

1. दिशा 2. आवाज़

85

अचानक दिल की बेताबी ने सर अपना निकाला है
सुना वो आज बरसों बाद हम से मिलने वाला है

ग़मों को मात देने का नया अपना लिया नुस्ख़ा
किसी अंजान शै[1] का दिल में अब फैला उजाला है

सदाक़त है, अक़ीदत[2] है, रिवायत[3] और इश्रत है
मुहब्बत से भरा शायद, ये उर्दू का रिसाला[4] है

हम अपनी ज़िंदगी कर बैठे उसके नाम पर लेकिन
हमीं को दे गया धोखा हमारा हम-निवाला[5] है

चले जाएँ भी दुनिया से, असर कम हो नहीं सकता
हमारे ही उसूलों का अभी तक बोलबाला है

सियासत और मज़हब में अगर है फ़ासला रक्खा
अमन को चाहनेवालों ने क्यूँ पत्थर उछाला है?

---

1. चीज़ 2. श्रद्धा 3. परंपरा 4. पत्रिका 5. एक थाली में खाना खानेवाला

86

वो सुकूते-शब[1] बयाँ फिर हम करेंगे भी नहीं
और ये अहवाले-दिल ख़ुद से कहेंगे भी नहीं

ईंट, मिट्टी, के दरो-दीवार जिन में तू बसा
याद की उन बस्तियों में हम रहेंगे भी नहीं

तू न करना बात एहसासात की मुझसे कभी
पूछ लेगा तू अगर तो, कह सकेंगे भी नहीं

चीख़ने से बात का, बस ये नतीजा ही मिले
आज जो अपना है समझे, कल मिलेंगे भी नहीं

अपनी हस्ती को मिटाने, रोज़ तूफ़ाँ आ रहा
हम हवा के सम्त[2] अपना रुख़ करेंगे भी नहीं

---

1. रात की ख़ामोंशी 2. दिशा

87

कोई भी हासिल नहीं था इश्क़ का
फिर भी देखा था करिश्मा इश्क़ का

भूल कर वो ख़ुश कोई ग़मगीन है
अल्मीया[1] सदियों से देखा इश्क़ का

कैफ़ियत दिल की कभी ऐसी रही
ख़ुद कुरेदा घाव गहरा इश्क़ का

फिर उसे तुम मिल सकोगे या नहीं
जब मिलो, कह दो इरादा इश्क़ का

शम्मे-दिल गर चाहते हो उम्र-भर
धीमी लौ देगी उजाला इश्क़ का

---

1. शोकांतिका

88

रात दिन हम सोचते हैं एक चहरा,
अजनबी-सा चाहते हैं एक चहरा

देखूँ ना उसको, बढ़े है इज़्तराबी[1]
हर किसी में ढूँढ़ते हैं एक चहरा

खुरदरा करते हैं देके घाव पहले
रंग से फिर लीपते हैं एक चहरा

ठोकरों में एक दिन दम तोड़ता है
बाद में सब पूजते हैं एक चहरा

सादगी से अपनी ही उकता गए हैं
हार के हम माँगते हैं एक चहरा

1. बेचैनी

89

न कोई आरज़ू, बस नाम का दीया जलाने दे
तुझे देखूँ, मैं जब भी दिल से मुझको मुस्कुराने दे

कहीं पे ज़िक्र है उसका, कहीं सूरत है उस जैसी
भुलाया है मुझे उसने, इसे दिल से भुलाने दे

ग़मे-दुनिया हमें देकर, जिन्होंने छीन लीं खुशियाँ
वही कहते हैं सबकुछ भूल कर दूरी मिटने दे

बयाज़े-दिल[1] से जब तेरा वरक़ छूटा, लगा ऐसे
मुझे ख़ुद से भी क़स्दन[2], इक अजब दूरी बनाने दे

बिताए रात दिन अक्सर मुसलसल इज़्तराबी में
रिदा-ए-आसमाँ ओढ़ूँ, के गहरी नींद आने दे

---

1. दिल की किताब 2. जान-बूझकर

90

मुहब्बत की सदा आई है तन्हा राहों से लेकिन
कहा ये भी, न छेड़े उनसे कोई मंज़िलों का ज़िक्र

91

कँपकँपाते लब हुए चुप क्या बताएँ
देख के तुझको लगा, फिर मुस्कुराएँ

बंद पलकों में छुपी तस्वीर थी जो,
कह गई उसका नया चहरा बनाएँ

तर-ब-तर[1] हो जाएँ जब भी अब्र[2] बरसे
और सौंधी मिट्टी की ख़ुशबू चुराएँ

बेसबब ही ज़िक्र पहले इश्क़ का हो
फिर निगाहों में हया को हम छुपाएँ

जो कभी तेरे न थे, मेरे नहीं थे
उकता गए उनसे, कहीं तो दूर जाएँ

दिल बड़ा ज़िद्दी है, कुछ रूठा हुआ है,
अनकही ग़ज़लों से इक मिसरा सुनाएँ

---

1. भीगा हुआ 2. बादल

92

ऐसा नहीं, बेबात घबराए हैं हम
ख़ुद को अभी तक कम समझ पाए हैं हम

हैरान है वो कामयाबी देख कर
वाक़िफ़ नहीं, क्या ठोकरें खाए हैं हम

दिल का ग़ुबार[1] अब तक कभी धोया न था
कल रात आईने से बतलाए हैं हम

कल देर तक उसने सुनी हमसे ग़ज़ल
कल देर तक ख़ुद पे ही इतराए हैं हम

ये हार भी दुनिया की ख़ातिर है क़ुबूल
अब जीत के तुम को, निकल आए हैं हम

1. मैल

93

दोस्त कोई यूँ अचानक याद आया है
धूप में क़ुदरत ने गुलमोहर खिलाया है

दिल दिया उस पे हमें सादादिली दे दी
ऐ ख़ुदा हर गाम पर इसने रुलाया है

रंग जैसे वक़्त ने बदले, थे बदले वो
ग़म न कर ऐ दिल, कभी तुझको वो भाया है

दिल के जितने पास थे, उतने लगे वो दूर
साथ रहकर भी, उन्होंने आज़माया है

बेदख़ल यादों को हम ने कर दिया जब से
रात दिन बेवक़्त आ आ कर सताया है

94

वो जिसकी ख़ातिर फ़ना[1] हुए हम, वो इश्क़ में बेक़रार कम है
यही सितम आजकल है उनका, हमीं पे ही ऐतबार[2] कम है

ज़मीने-दिल पर हैं बीज बोए, असास[3] ही कम है दो दिलों की
फ़सील[4] से क्या उम्मीद होगी, जवाँ दिलों में बहार कम है

हसीन यादें क़रीब दिल के, वो आज तक है अज़ीज़[5] लेकिन
फ़िगार[6] दिल के, हज़ार टुकड़े, वो देख कर तार-तार कम है

लिबास पहने सफ़ेद वो भी, शरीफ़ मानिंद[7] घूमते हैं
हिसाब जो भी गुनाह का है, ज़रूर उसका शुमार[8] कम है

वहाँ दिलों में है टीस[9] उठती, यहाँ दिलों में भी है मुहब्बत
ये सरहदों के नहीं मसाइल[10], सियासतों में ही प्यार कम है

---

1. मिट जाना 2. विश्वास 3. नमी 4. फ़सल 5. प्रिय 6. घायल 7. की तरह 8. गिनना 9. वेदना 10. समस्या

95

ख़्वाबों का पीछा करते हैं
हम एक ख़ला[1] से डरते हैं

मुस्तक़बिल[2] की जब भी सोचें
माज़ी के नक़्श उभरते हैं

आते हैं वो समझाने को
फिर ज़ख़्म कुरेदा करते हैं

इक शीशे ने मुझसे पूछा
हर दिन क्यूँ अक्स[3] बिखरते हैं

वो चहरा सादा सच्चा है
उस चहरे पे हम मरते हैं

---

1. अंतरिक्ष 2. भविष्य 3. प्रतिबिंब

96

चाहकर भी होंठों पर लाया नहीं था
नाम मजबूरन वो सहलाया नहीं था

ज़ख़्म के इमकान[1] से जो काँप जाता
दिल दरारें देख घबराया नहीं था

मुख़्तसर[2] मौसम रहा था चाहतों का
धड़कनों को फिर उन्हीं पाया नहीं था

हमसफ़र वो ख़ुशनुमा मौसम का था बस
जब सदा दी, साथ में आया नहीं था

सर्फ़[3] कर दीं जन्नतें उसके लिए पर
याद मेरी, उसका सरमाया[4] नहीं था

इश्क़ में अपना लगा ना ग़ैर ही वो
पा सके ये ख़्वाब तक आया नहीं था

---

1. संभावना 2. संक्षिप्त 3. ख़र्च करना 4. पूँजी

भूल जाऊँ दर्द ये मुमकिन न होगा
पासबाँ[1] ने इसको अपनाया नहीं था

बेज़ुबाँ से हो गए उसने कहा जब
दोस्त ही था, कोई हमसाया नहीं था

1. रक्षक

97

ख़त्म होती ही न तेरी बात अम्मा
पर न पहले से रहे हालात अम्मा

सामना तेरा मुक़द्दर से हुआ था
तू उसे देकर थी आई मात अम्मा

और कुछ होता तो सह लेते उसे हम
छोड़ने की फिर न कर शुरुआत अम्मा

फिर उन्हीं राहों से चुन के लाएँगे हम
तेरे आँचल से बँधे लम्हात अम्मा

हर दुआ से प्यार ही छलका है मुझ पर
कैसे रोकूँ अश्कों की बरसात अम्मा

खो न दूँ तुझको ये दिल डरता बहुत है
तू समझती है मेरे जज़्बात अम्मा

98

कहने को सब कुछ मिला था, रोटी कपड़ा घर तभी
पेट में चुभता रहा था भूक का नश्तर तभी

जाने कितने दिन गए, राशन न आया गाँव तक
ढूँढ़ के रोटी मिली ना, ढूँढ़ा सारा घर तभी

क्या वो दीवाली मनाते, भूक मजबूरी बड़ी
भूक से बच्चे बिलखते, हाल था बदतर तभी

हक़ दिया आईन[1] ने, खाना मिले हर एक को
फिर भी रोटी बिन मरा, इंसाँ यहाँ अक्सर तभी

स्कूल में भी नाम बेटी का न लिखवा पाई थी
वो ग़रीबी का था उसके दिल में बैठा डर तभी

---

1. संविधान

ख़्वाब ग्यारह साल के भी थक के बूढ़े हो गए
भूक ने ली जान ग्यारह साल तड़पा कर तभी

है तमाशाई ये दुनिया, और नाबीना[1] भी है
देखती ग़म दूसरों के, यूँ ही हँस-हँस कर तभी

(नोट : गाँव—करिमती, ज़िला—सिमदेगा (झारखंड), ग्यारह साल की संतोषी की मौत आठ दिन तक अनाज का दाना न मिलने से हुई...दिल को तार-तार कर देनेवाली वारदात पर आधारित...!)

1. नेत्रहीन

99

अपने घर रोशन किये हैं, दीप औरों के जलाएँ, आओ दीवाली मनाएँ
मायूसी की ये फ़ज़ा[1] मिलकर हटाएँ, आओ दीवाली मनाएँ

चाहता है वो मगर कुछ फ़ासले से, हमको इसका ग़म बहुत है
साथ जीना कम नहीं दिल को बताएँ, आओ दीवाली मनाएँ

खिलखिला कर हँस रहे वो, जिनका दस्तरखाँ[2] ज़मीं है, आसमाँ छत
साथ उनके आप हम मिल-बाँट खाएँ, आओ दीवाली मनाएँ

दूरियाँ बढ़ती हैं तब अपने ही लगते हैं पराए गाहे गाहे[3]
कोशिशों से रब्त[4] को मुख़लिस[5] बनाएँ, आओ दीवाली मनाएँ

है यही सच हिन्दू मुस्लिम, भाईचारा, जो हमें दिल से है प्यारा
अपनी नस्लों को यही आगे सिखाएँ, आओ दीवाली मनाए

---

1. वातावरण 2. चादर 3. कभी-कभी 4. रिश्ता 5. सच्चा

तन-ए-तन्हा

तेरे ज़ानों पर रखें सर, और रोयें रात-भर
ख़ुश्क आँखों से हमारी, बह न पाए अश्क भी

लफ़्ज़ तेरी क्या ज़रूरत है यहाँ?
देख आँखें साहिरी क्या कर गईं

जो एक लम्हा क़ैद कर पाया नहीं
वो क़ैद करना चाहता है ज़िन्दगी

मैं नहीं तू भी नहीं वो भी नहीं
मुन्तज़र हूँ वक़्त अपनाए किसे?

सिसकते ख़्वाब जो देखे गले आँखें मिलीं उनसे
कहा हमसे जुदा होकर जियोगे और कितने दिन?

आइने ने बाद तेरे ये कहा है
ख़ूबसूरत और भी लगने लगी तू

बरसात बे-मौसम कराए नम ज़मीं जैसे
बेवक़्त तेरी चाह में बेकल भटकता दिल

राह कोई तुझ तलक आके अगर हो ख़त्म तब मैं
राह की उस धूल चूमूँ या बदल दूँ राह अपनी?

सौग़ात तेरी अब तलक रक्खी इसी उम्मीद में
इक रोज़ पल-भर ही सही, शायद बहारे-नौ खिले

यहाँ बरपा अगरचे शोर है कुछ पल ज़रा थम जा
रहें जो साथ, जी लेंगे ख़ुमारी साथ होने की

यादें किताबों सी सजा, जब दिल करे उन्हें पढ़ ज़रा
ये कारोबारे-वक़्त है कुछ याद रख कुछ भूल जा

दर से तेरे लौटे, चढ़ा है रंग जिस्मो-जान पे
है रंग इक तेरी दुआ का एक मेरी चाह का

मुख़्तलिफ़ हालात में लम्हात में
तेरे असर की दिल वज़ाहत कर रहा

इक जुनूँ-सा जो कभी दिल से उतरता नहीं
इक हक़ीक़त जो जुनूँ से निकल कहती रही

किन रास्तों पे चल दिए इक आग सी दिल में लिए
मंज़िल तलक पहुँचे मिटे थे वापसी के सब निशाँ

आँखें चुराई हैं कभी पढ़ ले न तू
इनमें निहाँ ख़्वाबे-मुसलसल बह रहा

कब तलक ठहरूँ कि कर आज़ाद अब
रूठा हुआ सा एक आँसू कह रहा

ये अजब दौरे-रफ़ाक़त है जहाँ बस दौड़ है
हम क़दम कुछ दूर तक हो इसलिए चलते रहे

तू गया तो ये हुआ तहलील मुझ में हो गई
ख़ामियाँ तेरी सभी अब तक सलीक़े से रखीं

हुआ शादाब ये सहरा मगर तब लाग में इसकी
कभी बोये वहाँ थे बीज हमने सब्ज़ ख़्वाबों के

ख़्वाब कुछ ऐसे गले आकर मिले
सुन रहे पाबंदियाँ कम हो गईं

आवाज़ दे पाए न, बस इतना हुआ
ख़ामोशियों में जिस्म दो चलते रहे

ऐ दबिस्ताँ[1] क़र्ज़ तेरा मैं चुका सकती नहीं
मुमकिन है तेरा नाम अपने काम से रोशन करूँ

रोशन करो दिल के चराग़ इस तरह
तिम्साल पर फैले मुहब्बत की ज़िया

अगर मुमकिन हमें होता, गले तुझसे मिले होते
न जाने किन ख़यालों में सिमट के रह गए ख़ुद में

यूँ ज़िन्दगी-भर तो न देखेंगे तिरा रस्ता
कुछ देर ठहरेंगे, करेंगे तय सफ़र अपना

---

1. दबिस्ताँ = स्कूल

अगरचे हैं क़दम मंज़िल की जानिब
मुहब्बत रास्तों से हो रही है

दरमियाँ उस भीड़ के एहसास टकराते रहे
कुछ कहा आँखों ने, कुछ ख़ामोशियाँ कह के गईं

थक के घर को लौट आया दिन ढले मेरा वजूद
ख़ामशी से वो लिपट, कितनी दफ़ा रोया भी है

दुनिया के शोरो-गुल में वो अक्सर मुझे है ढूँढ़ता,
ख़ामोश वक़्फ़े की सदा, मेरा पता बनती अगर

ख़ामोशी को पी गया मेरी तरह
चाँद तन्हा-सा लगा मेरी तरह

रास्ते की है अगर कोई कहानी
हर कहानी का है कोई रास्ता

हमें बेख़्वाब करके सो गया
कोई आँखों से ओझल हो गया

हवा को चूम कर परवाज़ भर लेंगे
तलब हम को नहीं मंज़िल को छूने की

कटी आँखों में सारी रात, लब पे आके ठहरी बात
सहर होने को है फिर भी, है अब तक बाँवरे जज़्बात

कभी फूलों का आँगन था, तेरी यादों का जमघट था
के अब उकता गए हम देखकर काग़ज़ के फूलों को

ख़ुशी को ढूँढ़ते पहुँचे कहाँ हम
मिले जिससे कभी थे नागहाँ हम

ये इंतज़ार भी तेरा अजब सवाल हो गया
निगाह थक गई, जवाब तक मुहाल हो गया

मेरी ख़ामोशी पीना चाहता है
वो ऐसे मुझको जीना चाहता है

रात नीली, साँसें गीली और सीली थी हवा
ख़ुशबू थी तेरे बदन की और भीनी-सी हवा

तलाश में सुकून है, सुकून मत तलाश कर
ये इम्तिहान हर घड़ी, यूँ दिल न पाश-पाश कर

हमने सोचा है कहानी रात की इक दिन लिखेंगे
ज़िद करे जितनी मगर, इस बार ना दिल की सुनेंगे

न लाया था लबों पर ज़िक्र तक
कहानी यूँ भी कोई कह गया

वो पलकों में इश्क़ सजाए ही रहता है
मुझसे अच्छा तेरी आँखों का काजल है

न सोलह दिन, न सोलह साल से हो कम
जनम लेतीं अधूरी ख़्वाहिशें पैहम

किसी की मुस्कुराहट को है जीना
हमें मालूम है यूँ ग़म को पीना

कभी कहीं जो मेरी राह छूट जाए गर
गले तपाक से मिले वो बाँह फैला कर

उसने लब पे मेरे लिख दिया था कभी
आईना पूछ बैठा, पढ़ा क्या कभी?

ये ज़िद इतनी भी क्या रिश्ता ही टूटे
कहे अब के अगर वो, मान लेना

मैंने लम्हों को रोकना चाहा
तुझको वक़्फ़ों में सोचना चाहा

हमको तो उन तक पहुँचने की कोई जल्दी न थी
उनसे टकरा कर हुए घायल, हैं ख़ुद से अजनबी

पहले हल्दी से बदन लीपा, उसे पहना किए
फ़ासले पूछा किए, क्यूँ हो गए थे अजनबी

रास्तों का एक होना फिर बिछड़ना मोड़ पर
इश्क़ का हासिल यही था बोला ऐसे अजनबी

हमने सबकुछ कर दिया वाज़ेह पर
आईने से फिर भी पर्दादारी है

तुम न समझोगे फ़क़ीरी की अमीरी
हसरतों का सर्फ़ करना क्या बला है!

अधूरे इश्क़ के अहसास में आँसू छलकते जब
लहू की राह बहते हैं, वो आरिज़ को नहीं छूते

हम को आता है सिमटना भी, बिखरना भी अगर
हमने दोनों में बराबर की सहूलत बाँट ली

सामने जिनके कभी आसारे-मंज़िल थे कई
हमने राहों से उन्हें गुमराह होते देखा है

अँधेरों से उजालों तक सफ़र में बारहा ये दिल
कभी ख़ामोशी जीता है, कभी तन्हा सिसकता है

आईना कहे है देखकर निखार
है तमाज़तों का हुस्न मेरे यार

तुम्हारे और मेरे दरमियाँ पर्दा नहीं है
समझ कर भी नहीं जीना इसे, अच्छा नहीं है

कभी तुझसे नहीं मिलना, न तेरा ज़िक्र ही करना
मगर तस्वीर में अपनी तुझे देखा किए हैं हम

तवील इस सफ़र में बेलिबास ख़्वाब कुछ
छुओ इन्हें, जियो इन्हें, न दो जवाब कुछ

हमें अपनी शिकस्तों से अभी भी है मुहब्बत,
वहाँ से हम बढ़े आगे न रुकने के लिए...

लबों में थी जुम्बिश, तो लब कुछ दबाए
मगर मेरे चहरे पे तू मुस्कुराए

कभी उम्मीद का दामन ना थामे, तो कभी
सदा बेसाख़्ता दे, और ख़ुद को ही सुनें

○○○